AF340357

UNE ANNONCE

AVIS AUX HABITANTS DE BOUGIVAL

La fabrique de lettres et de placards anonymes de l'hôtel de la Médisance, rue de Versailles, demande des ouvriers habiles dans la partie.

S'adresser, pour les admissions, à **M. AMAND**, conseiller municipal, chargé d'examiner les postulants.

N° 86, RUE DE VERSAILLES, BOUGIVAL.

LETTRE à M. BOURDON, *directeur-gérant du* Journal de Saint-Germain.

Bougival, 3 décembre 1830.

Monsieur le Rédacteur,

Le vrai peut quelquefois n'être
pas vraisemblable.

Cette lettre ne recevra pas la publicité de votre journal. Plusieurs raisons s'y opposent.

La question de nos écoles était de celles qui pouvaient intéresser vos lecteurs, alors l'hospitalité de votre journal lui était accordée; aujourd'hui que mes adversaires en ont fait une question d'injures personnelles, elle perd son caractère essentiellement humain, à savoir : l'avenir et le bien-être des enfants, elle n'est plus une œuvre utile, je ne peux que vous approuver en lui retirant votre concours.

Je pense, monsieur le rédacteur, que vous ne trouverez pas mauvais que je continue de m'adresser à vous; n'est-ce pas à votre publicité que nous devons d'être débarrassés du terrain Convert? Et d'ailleurs cette question de nos écoles ne doit-elle pas revenir, incidemment, au milieu de ces tristes débats ?

M. le conseiller municipal Amand m'a reproché d'écrire dans un journal réactionnaire, le vôtre, monsieur le rédacteur; il m'a fait un grief de critiquer les actes du Conseil municipal de Bougival.

De quoi se mêle ce républicain intolérant? N'est-il pas libre d'écrire où il veut, à qui il veut, et comme il veut?

Ai-je fait de la politique avec vous? je m'en suis bien gardé; de ma part il y avait convenance à ne pas oublier que nos camps n'étaient pas les mêmes. Vous me rendrez cette justice que sur ce point j'ai gardé un silence absolu; je traitais dans votre journal une question administrative, spéciale à la commune de Bougival, l'acquisition du terrain Convert, la construction sur ce terrain de deux groupes scolaires : telle a été la base de ma polémique, je ne m'en suis jamais départi.

Ai-je critiqué les actes du Conseil municipal? Jamais.

Depuis ma démission de conseiller, je ne me suis jamais occupé de ce que MM. les conseillers pouvaient faire. Je connaissais suffisamment les hommes placés à la tête de l'administration municipale pour savoir quelle serait leur conduite à mon égard; je n'avais nul besoin de m'occuper de leurs faits et gestes pour être assuré que je ferais une ample moisson d'inconvenances, de grossièretés, d'injures, et, de la part du dernier venu et du dernier manant, de calomnies et de diffamations.

Encore une fois, et je le dis ici avec orgueil, j'ai fait tous mes efforts pour détruire le projet Convert; j'ai démontré, dans une série de lettres que vous avez bien voulu accueillir, ce que ce projet avait de funeste pour nos enfants, qu'il était la négation des prescriptions ministérielles, qu'il portait une grave atteinte au bon sens de nos administrateurs, qu'il entraînerait la commune dans des dépenses exorbitantes, que nos enfants seraient plus mal que dans les locaux actuels.

Telle a été ma thèse; elle était autrement importante que de savoir la proposition de l'ignorant M. Amand; la réplique du pitre, M. Baumann; les hochements de tête du Jocrisse, M. Couturier, Jules-Édouard; les commentaires du Cujas, M. Guérand; les votes du Judas, M. Mesnil; et tant d'autres de même farine, qui ne sont là que pour figurer sur la scène municipale.

Vous ignorez sans doute, monsieur le rédacteur, que Bougival est en possession d'une industrie nouvelle, industrie en pleine prospérité et qui fait le plus grand honneur aux notables qui en ont pris l'initiative.

Vous chercherez en vain, ces choses-là ne peuvent se trouver; il faut une imagination perverse et pervertie pour arriver à une telle découverte.

Oui, monsieur, Bougival possède une fabrique de lettres anonymes et de placards nocturnes; s'adresser hôtel de la Médisance, rue de Versailles.

Vous aurez quelque peine à trouver cet hôtel; cependant, si

vous demandez l'homme le plus laid, la face la plus patibulaire, le type le plus vulgaire des habitants de la commune, qui répond au nom de Judas, on vous indiquera de suite l'établissement en question.

Cette fabrique occupe un grand nombre d'ouvriers; elle travaille pour la France et l'étranger (voir le savetier Thibaut), mais particulièrement pour la commune de Bougival.

Dans cette usine on emploie tous les genres de calligraphie, anglaise, ronde, bâtarde, gothique, allemande; tous les genres de style, de préférence celui si connu rue de Versailles, n° 86. On traite tous les sujets, on entre à pied et à cheval dans la vie privée, on méprise toutes les convenances sociales, et lorsque le scandale n'est pas assez grand, une imagination féconde y supplée

Un fait singulier, c'est que les commanditaires de cette importante fabrique appartiennent presque tous à l'administration municipale; quelques postulants aux fonctions de conseiller municipal viennent s'y faire la main, quelques-uns sont déjà d'une grande dextérité et seront probablement recommandés à l'attention des électeurs.

Cette fabrique (ne pas confondre avec la maison du coin du quai) est déjà ancienne, elle a longtemps végété, mais, depuis un an, elle a pris une importance capitale, elle offre de beaux bénéfices à ses directeurs et d'importants dividendes à ses actionnaires.

L'administration municipale, maire et adjoint en tête, sont les pourvoyeurs infatigables des matériaux qui seront mis en œuvre; vénéneuses abeilles (pardonnez-moi, nobles hyménoptères) des fleurs impures, ils viennent déposer au fonds commun les ordures et infamies qu'ils ont ramassées dans les mauvais lieux qu'ils fréquentent.

Une de leurs dernières productions, monsieur le rédacteur, mérite de fixer votre attention. Ainsi que je vous le disais dans ma lettre du 22 novembre, c'est une étude de mœurs contemporaines et aussi une étude psychologique sur l'état des esprits de notre malheureuse époque si troublée, si divisée, où il ne reste plus debout, au service de la patrie, que les vils instincts de l'égoïsme et les appétits matériels.

Cette pièce, sans date ni signature, a été collée au nombre de deux au trois exemplaires sur les murs de Bougival. Inutile de vous dire que cette jolie besogne s'est faite la nuit.

C'est dimanche matin, 21 novembre, que les habitants de Bougival ont pu lire cet honnête spécimen de l'honnêteté des fabricants de l'hôtel de la Médisance.

Si vous rapprochez ce placard, 21 novembre, de la lettre de notre conseiller municipal, intitulée Deuxième et dernière lettre (jeudi, 18 novembre), si vous en étudiez le style et l'esprit, vous trouverez entre les deux productions un grand air de famille, le frère et la sœur du même lit, ce lit de Procuste qu'on ne peut toucher sans être meurtri.

Et en effet, la lettre signée et le placard anonyme sortent de la même officine; les mêmes hommes y ont travaillé, ils ont ouvert quelques-unes des alvéoles de la ruche immonde, il en est sorti deux ordures. la lettre du vénérable, le placard du vénéré.

Et c'est à Bougival que de tels faits se passent!

C'est pour déconsidérer un homme de bien que ces hommes de mal se déconsidèrent.

Ils oublient que rien n'est lâche comme l'anonymat.

Ils oublient que rien ne porte plus atteinte à l'honneur, à la considération d'un homme ou d'une collectivité, comme ces dénonciations occultes et sans nom qui appellent le plus profond mépris sur leur auteur.

Que voulez-vous demander à des hommes qui renient leur signature, violent le secret des lettres; à des hommes qui font métier et marchandise de leurs fonctions publiques ; à des hommes qui ne tiennent aucun compte des engagements souscrits ; à des hommes flétris par leur palinodie; à des hommes assez vils pour spéculer sur l'injure ; à des hommes assez lâches pour abriter leurs calomnies sous la nuit de l'anonymat; à des hommes assez bêtes pour croire toutes les bourdes qu'on leur débite! Ils croient, parce qu'ils sont incapables d'une réflexion ou d'un jugement.

Non, non, dans une telle association il ne peut sortir que le mal et la haine.

Je vous copie textuellement ce placard, je respecte l'orthographe, les fautes ne sont commises que pour cacher un peu plus les auteurs de cette immonde lâcheté.

Rentamplant.

AVIS

Sur mon dernier numerot j'ai oublié de vous dire ceci.

Note du aux habitant de la commune de Bougival par pique-assiette dit Duborgia.

SAVOIR

Du à la famille Pointelet, père et fils...	3.000 fr.
Du à M. Tailleur, épicier.............	800
Du au maréchal Andrioux pour le cheval Guérand.......................	300
Du à M. Roulaud, charron, ...	75
Du à M. Aureau, boulanger..........	300
Toto........	4.475 fr.

Donc qu'il a regnier devant le tribunal de Marly-le-Roi qui ne devait rien à personne du tout.

Voilà l'homme qui a passé la jambe à l'amour-propre.

Ce placard m'a été remis le mercredi, 24 novembre.

Je vous envoyais ma réponse à la deuxième et dernière lettre de notre conseiller municipal de Bougival, le mardi 23. Je demandais à ce faux bonhomme au nom de quel fournisseur il parlait; j'ignorais que la réponse pouvait se lire sur les murs de Bougival.

Vous me permettrez, monsieur le rédacteur, de paraphraser cette nouvelle production de mes *honorables* contradicteurs ; je ferai ce travail avec une grande indépendance d'esprit. Provoqué, je dois répondre.

Analysons avec méthode.

« Mon dernier numéro. »

C'est qu'en effet, un premier placard avait été apposé à la porte de M. Leduc, il ne disait rien de mes notes dues aux habitants de Bougival; c'est pourquoi les ouvrier de l'hôtel de la médisance réparent leur oubli en nommant cinq fournisseurs, au total 4,475 fr.

M. le conseiller municipal Amand ayant parlé, il était naturel que sa parole eût de l'écho; il pouvait signer ce placard sans plus se compromettre.

« Par pique-assiette, dit Duborgia. »

J'ai des défauts, des ridicules, des travers, M. le conseiller immaculé ajouterait des vices; mais il faut bien peu me connaître pour m'appeler pique-assiette. Sur vingt invitations qui me sont adressées, j'en accepte une ou deux, par amitié ou par convenance, l'homme étant tenu de prouver son état d'éducabilité.

Hélas! monsieur le Rédacteur, je porte aujourd'hui la peine de ma trop grande condescendance. Lorsque j'étais le premier magistrat municipal de la commune, j'ai cru honorer deux de mes collègues, l'un actuellement maire, l'autre adjoint, en acceptant deux fois à déjeuner chez l'un et chez l'autre; ces messieurs témoignent de leur bon goût en m'appelant pique-assiette, j'en ris encore; l'invitation du rat de ville était du Lucullus en regard de pareils rogatons.

« Dû à la famille Pointelet père et fils, 3,000 fr. ; » je prie la famille Pointelet père et fils de me faire parvenir leur note de 3,000 fr.

« Dû à MM. Tailleur, Andrieux, Roulaud. »

J'ai dit l'importance de mes dettes à mes fournisseurs, j'attends leurs réclamations.

« Dû à M. Aureau, boulanger, 300 fr. »

Je ne dois rien à M. Aureau, boulanger; peut-être doit-il au bureau de bienfaisance de Marly-le-Roi, ceci regarde sa conscience. La conscience de M. Aureau!

« Pour le cheval Guérand. »

Vous le voulez, bonnes gens, il y a longtemps que vous tournez autour de ce pauvre cheval, bonne bête au demeurant, brave serviteur. Je vous donnerai son histoire, messieurs de l'hôtel de la médisance, toujours pour servir à cette étude des mœurs contemporaines; de tels exemples sont fréquents dans ce pays, du sommet à la base on n'a que l'embarras du choix.

« Donc il a renié. »

Vraiment! messieurs les anonymistes, j'ai renié devant le tribunal de Marly-le-Roi que je ne devais rien à personne du tout !

Votre erreur est grande, messieurs les tripoteurs; ce n'est pas devant le tribunal que j'ai renié, c'est devant M. le juge de paix; je pense que la parole de M. le juge de paix vaudra bien celle d'un ou de plusieurs anonymes.

« Voilà l'homme qui a passé la jambe à l'amour-propre. »

Vous avez besoin, messieurs les diffamateurs, que je vous apprenne la valeur des mots.

L'homme qui renie ce qu'il doit ne passe pas la jambe à l'amour-propre, ni à l'amour sale, vous pourriez confondre, mais à l'honneur.

L'honneur! Qu'est-ce que cela? Sais-tu, toi, le conseiller? Oui, placardier, l'honneur c'est le joli métier que tu fais; il te rapporte quelques verres de petit bleu, tu étouffes un perroquet sans crainte et le mêlé ne te laisse pas indifférent.

L'honneur, vois-tu, c'est ce qui profite.

Et sur toute la ligne c'est la même morale.

Je dirai à MM. Pointelet, Tailleur, Andrieux, Roulaud, Aureau et Guérand que si leurs noms se trouvent sur cet infâme placard, c'est avec leur consentement; s'ils ne sont pas auteurs, ils sont complices de cette mauvaise action; je suis en droit de leur demander le mobile de leur lâcheté.

A vous, monsieur Jules Pointelet, je dirai : Quel reproche pouvez-vous m'adresser sur les choses touchant à l'honneur? M'avez-vous jamais envoyé une note? Ai-je jamais vécu à vos dépens?

Lâche que vous êtes, vous me faites insulter par un goujat de votre force; vous avez l'infamie de laisser mettre votre nom sur un placard anonyme; vous manquez de cœur à ce point de laisser dire que j'ai renié mes dettes à mes fournisseurs, et votre nom figure parmi ces fournisseurs!! Quel homme êtes-vous donc, monsieur le recéleur de pendule? Je croyais que dans Bougival M. Elie Baumann était le seul de son espèce, polisson, lâche, turpide, goujat; mais je vois qu'il faut lui donner pour compagnon M. Jules Pointelet, un des gros bonnets de l'endroit, et M. Amand, une des grosses caricatures du lieu.

Ah ! je vais vous dire, monsieur le lieutenant en expectative, pourquoi votre haine est arrivée au paroxysme, à la folie furieuse.

Je n'ai pas voulu de vous, en 1870, comme officier de la compagnie des sapeurs-pompiers de Bougival, parce qu'au mois de septembre 1870 vous avez lâchement abandonné votre compagnie et le poste d'honneur que vous aviez sollicité.

Si le capitaine Lavigne avait fait son devoir à cette époque, vous ne seriez pas aussi arrogant aujourd'hui ; votre dénonciation n'aurait pas obtenu une révocation *sans motif*, M. le Ministre de l'intérieur aurait voulu connaître la vérité ; on ne marque pas un homme honorable d'une telle flétrissure sans une enquête minutieuse sur les faits.

Je n'ai pas voulu de vous comme officier de la compagnie des sapeurs-pompiers de Bougival, parce qu'en 1871 vous avez lâchement abandonné votre pompe allant éteindre les incendies de Paris ; à la lâcheté vous avez ajouté l'hypocrisie, vous êtes monté en voiture pour arriver plus vite, disiez-vous ; vous vous êtes égaré (textuel), impossible de trouver Paris.

Et soit dit en passant, la République est encore à envoyer une marque de sa gratitude aux braves citoyens qui ont répondu à son appel ; si le Théâtre-Français n'est pas devenu une ruine, c'est grâce aux sapeurs-pompiers Saint-Germain et de Bougival ; vous ignorez peut-être ce fait, messieurs les administrateurs du Théâtre-Français.

Ai-je fini avec vous ? Non.

En 1875, vous intentiez un procès à la commune de Bougival, votre berceau, le milieu où votre fortune s'est développée, vous demandiez à cette commune 11,066 fr. pour bois brûlé par les habitants pendant le mois d'octobre 1870 ; demande inique, car vous saviez bien qu'à cette date les habitants n'avaient pas touché à votre chantier, ni depuis, puisque les habitants avaient été chassés par les Prussiens.

J'ai lutté contre vous, parce que votre demande était injuste, mensongère et immorale.

Parce que vous aviez été payé par l'indemnité de guerre.

Parce qu'il ne vous était rien dû de ce chef, vos approvisionnements devant être détruits ou rentrés dans Paris; vous avez préféré la compagnie des poulardes du Mans, libre à vous, mais alors trouvez bon de ne pas gagner votre procès, consolez-vous en chantant :

Sur l'air du *Concert de Corbeil*.

Adieu fagots, adieu cotrets,
Adieu mes beaux intérêts,
Le numéro
De mon chapeau
Je le vois trop
N'est qu'un zéro.

Ai-je épuisé la série de vos faits honorables? Non. Et votre pendule, votre Minerve, ce merveilleux bronze antique dont les lignes sévères s'harmonisaient si bien avec vos vulgaires bibelots?

L'auriez-vous oubliée?

J'ai voulu vous éviter cette honte, je vous ai prévenu, vous m'avez répondu que vous saviez bien ce que vous aviez à faire. Il a fallu l'intervention de M. le procureur de la République pour vous apprendre votre devoir. Cette malheureuse Minerve, vous l'avez transportée de votre domicile au greffe du Tribunal correctionnel, vous l'avez abandonnée au milieu de toutes les épaves du vice, du crime et de la débauche.

Ne saviez-vous pas ce que vous aviez à faire?

Mais passons. Au milieu de toutes ces tristesses, retenons cette note gaie qui est bien de circonstance :

Sur l'air des *Pompiers de Nanterre*.

Le beau Phébus et Dulcinée
Sont de savants personnages,
Minerve sur la cheminée
Est la patronne des sages.
Que fais-tu en ces lieux,
Lui dit, un jour, Mercure :
Tu scandalises les Dieux.
Je crois qu'on te récure,
Si ce beau pompier aime l'exercice
Ce n'est certes pas celui des canons;
Ce qu'il aime surtout, c'est son bénéfice,
Et pour l'assurer tous les moyens lui semblent bons.
Zim bou la la, zim bou la la, ce beau militaire
Zim bou la la, zim bou la la, que ce Phébus-là.

Avis aux amateurs, il y a six couplets aussi réjouissants.

Voilà ce personnage qui pose, lui aussi, pour le patriotisme, le dévouement, le devoir, l'irréprochable.

Au panier, tous ces hommes flétris, avec le réfractaire Baumann, Amand, le cuistre, le judas Mesnil, l'incorruptible Guérand, et ce maire républicain qui défend de chanter *la Marseillaise* pour avoir deux sols, qui supprime les mots, *République Française*, pour rester en odeur de sainteté et bien vendre ses arbres.

Que dirai-je de MM. Tailleur, Andrieux, Roulaud, Aureau, Guérand, l'homme au cheval? Que dirai-je? oui, que dirai-je? N'ai-je pas assez remué d'ordures comme cela? Si, reposons-nous. Eh bien! Messieurs, vous, les fauteurs ou complices des lettres et placards anonymes, vous, les purs, les notables, les élus du suffrage universel, les intelligents, les honnêtes, les patriotes, les républicains triés sur le volet; vous, les « hommes soucieux des intérêts qui leur sont confiés; » vous, qui représentez et la sagesse et la raison, et la science et le devoir; alignez-vous un peu que je vous passe en revue, que je voie si réellement vous êtes aussi bien astiqués que cela.

Hum! hum! Monsieur le maire, vos hommes ne sont pas propres, pas propres du tout.

Que savent-ils? Peu de choses. Ils sont à votre taille.

Ils en savent assez pour faire des conseillers qui se traînent à la remorque d'un Couturier, Jules-Edouard, d'un Elie Baumann, d'un Mesnil; ils en savent assez pour obtenir des révocations sans motifs, des rapports favorables qui seront revisés; ils en savent assez pour composer des lettres et des placards anonymes, des lettres signées Amand, où l'ignorance le dispute à la sottise, où l'insolence le dispute à la lâcheté, où la bêtise le dispute à l'outrecuidance: ils en savent assez pour être blâmés sévèrement sur leurs actes, assez pour être rappelés au respect de la loi, assez pour être obligés de renoncer à un projet sur lequel quelques-uns avaient fondé de si riches espérances.

Pauvre suffrage universel, où vas-tu, si ce sont-là tes élus? s'ils sont tes préférés? S'ils sont la tête du blé, le dessus du panier, gare, pauvre bon peuple, tu mangeras du triste pain et de sales pommes de terre, l'hiver sera rude. Ah! bon peuple souverain, si tu veux continuer à patauger dans un pareil cloaque, je t'engage, lors de ta première manifestation souveraine, à ne pas oublier MM. Tailleur Scævola et Aureau, ils ont bien mérité de notre honorable municipalité (brevet Herbette); après quoi, bon peuple, il faudra tirer l'échelle, la coupe amère sera remplie.

Arrivons au bouquet.

Ils disent ou ils diront encore : « Comptez sur notre concours pour obtenir une retraite soit à Clermont, soit ailleurs. »

Ainsi parlent MM. les fabricants de l'hôtel de la Médisance.

Oui, messieurs les sages, vous qui arborez Minerve, oui, j'ai ma folie; je conviens qu'elle n'est pas la vôtre.

J'ai la folie du bien, du beau, du juste, du devoir.

Vous, vous avez la folie du mal, de l'ignoble, de l'impur, du lucre malhonnête.

J'ai la folie d'aimer mes semblables, de les aider, de les secourir, de les fortifier dans leurs faiblesses, de les soutenir dans leur misère.

Vous, vous avez la folie de la haine, la folie homicide de la calomnie, la folie honteuse de l'hypocrisie, la folie du néant; pas une bonne pensée, pas une bonne action à votre actif. Vous êtes impurs dans toute la puissance du mot.

J'ai la folie de la loyauté, de la vérité, de la droiture, des sentiments honnêtes et humains.

Vous, vous avez la folie des actions abjectes, du mensonge, des turpitudes, de l'anonymat, votre cerveau est vide, votre cœur est atrophié.

Si ma folie me conduit à Clermont, ou ailleurs, ceux qui me verront passer diront : plaignons-le, il était des meilleurs parmi les bons. Paix sur la terre à l'homme de bonne volonté.

Votre folie vous conduira, sans circonstances atténuantes, à Poissy, ou à Clairvaux. La foule en vous voyant passer se détournera avec dégoût, elle dira: ce sont des impurs, éloignons-nous.

Pas de pitié pour la lâcheté, pas de pitié pour l'homme qui met un masque, pas de pitié pour l'hypocrite, le menteur, le faux bonhomme. Voilà pourquoi, messieurs les associés de l'hôtel de la Médisance, vous êtes condamnés.

Et vous, monsieur Amand, conseiller municipal de Bougival, vous, le porte-parole et le porte-plume de cette association de misérables, vous qui avez dit que je n'avais aucun lien, aucune sympathie dans ce pays, je crois, après examen, que vous avez raison.

Oui, je n'ai aucun lien dans ce pays, je vis isolé, sans famille, sans amis, sans intérêts, rien ne m'attache ni au sol, ni aux personnes. Je suis un paria, vous me montrez au doigt en me disant : « Raca ». Alors, monsieur, expliquez-moi pourquoi je suis le seul qui aie compris et fait mon devoir?

« Je n'ai aucune sympathie. » Tant pis pour mes concitoyens, je les plains, mais je vous admire.

Je vous admire, parce que dans le village où vous habitez, tout le monde vous méprise, votre personne et votre caractère n'inspirent que du dégoût.

Vous avez des liens puissants qui vous commandaient d'être honorable.

Époux, vous avez fait litière de vos serments.

Père de famille, vous tendez honteusement la main pour avoir le pain du corps et le pain de la science.

Cygne d'une nouvelle Léda, elle ne s'aperçoit pas, la malheureuse, qu'elle s'est éprise d'une oie vulgaire.

O fille de Thestius! femme de Tyndare que Jupiter daigna séduire! O mère de la blanche Hélène, au col de cygne! voile ton impudique beauté. Hélas! quel courage! ne pas y être obligée et se livrer à cet affreux jars! Mythologie! voilà de tes coups. Mystère! mystère!

Allez, monsieur, allez. Parlez de vos liens, de vos sympathies, parlez de votre distinction, de votre éducation, parlez tant que vous voudrez, vous ne tromperez plus personne; je vous abandonne aux furies vengeresses qui hantent votre logis, vous ignorez donc que le bonheur s'expie?

Êtes-vous assez misérables, messieurs les familiers de l'hôtel de la Médisance?

Est-ce assez de honte à votre actif?

Est-il, parmi les sentiments vils qui peuvent agiter le cœur humain, un seul que vous n'ayez pas connu?

Le plus huppé et le plus matamore d'entre-vous est aussi le

premier à prendre la fuite, le premier qui fait entendre ce cri
hideux: « Sauve qui peut ». Sa première étape est de Bougival
au Mans. Quatre-vingts kilomètres à l'heure ne sauraient le ras-
surer, et cependant, il portait crânement l'habit militaire. Quelle
prestance, quelle allure martiale, comme le soleil se jouait
amoureusement sur les contours de son casque doré, sur les
paillettes de ses épaulettes, sur le pomneau de ce joli sabre-poi-
gnard que je vois toujours. O hochets de ma seconde enfance! où
êtes-vous? sous la neige de 1870, mon beau lieutenant, sous les
neiges éternelles du mépris public, d'où nulle créature humaine
n'est revenue.

Le plus félon d'entre vous, ne tarde pas à suivre ce fuyard;
lui, se dérobe à la loi, il est réfractaire: il trompe sur son âge,
il se crée de toute pièce un état civil mensonger; il est marié,
il est père de famille; il se donne pendant cinq mois durant un
avant-goût des félicités conjugales; après quoi, le calme revenu,
il rentre triomphalement chez lui : aujourd'hui il est au Capitole.

Le plus ignoble d'entre vous n'attend pas que les Prussiens
viennent s'attabler chez lui, il va au devant d'eux, et le sourire
aux lèvres, le verre en main, il verse à boire: «Buvez, mes amis,
nous camarades ». Et la rougeur ne lui monte pas au front, à ce
conseiller municipal, à ce membre du bureau de bienfaisance, à
cet homme qui fait de sa maison le plus sale, le plus honteux
tripot, le tripot des lettres et des placards anonymes!

Le plus ladre d'entre vous abandonne un vieux serviteur, un
contemporain de son fils aîné; il est recueilli, il est soigné,
nourri, défendu; cinq mois de privations, d'angoisses, de dangers
se passent; on lui dit à ce ladre : voilà votre vieux compagnon,
reprenez-le: j'ai dépensé pour lui en argent 125 francs; pour le
reste vous me donnerez un remerciment, ce qui ne sera pas
cher. Eh bien ! cet abject bonhomme voulait me monter le coup,
comme on dit parmi eux; j'ai flairé la rouerie, j'ai résisté: alors
il a osé réclamer aux indemnités de guerre un cheval pris par
les Prussiens. Et pendant huit ans ce vieux serviteur a vécu chez
moi, parcourant chaque jour le pays, portant le nom patronymi-
que de son ancien maître, et ces gens-là disent que *j'ai volé le
cheval* de ce conseiller municipal.

Le plus cuistre d'entre vous, vous voyant abattus, ne donnant plus signe de vie, écrasés, écarbouillés, inertes, vous console. Il vous dit : vous allez voir !

Et il retrousse ses manches pour montrer combien il est terrible.

Vous avez vu, il est digne de vous; même lâcheté, même ignorance, mêmes turpitudes, même besoin de parader, même haine, même impuissance : le mal pour but, le mal pour devise, le mal à l'état aigu.

Oh! le tripot est complet, sans compter ceux que je dédaigne. N'oublions pas ce charitable confrère pour lequel M. Amand fait si généreusement la réclame; il a toutes les qualités requises pour emboîter le pas à de tels hommes; tel maître, tel valet.

Et ce monde-là, ce monde des lettres et des placards anonymes, ce monde qui applaudit aux lettres du paquet de chandelles, il parle de défaillances morales, de défaillances intellectuelles; il patauge dans tout ce qu'il y a de plus immonde; le vice et la débauche le submergent; la bêtise et l'ignorance l'étreignent, la cupidité et la honte inavouable le dominent, il foule aux pieds et le devoir, et la morale, et la foi jurée, et la dignité humaine, et il parle de défaillances morales !

Allons, Messieurs, continuez votre joli métier, je connais déjà quatre lettres et deux placards anonymes, continuez pour votre plus grande gloire et celle de votre commune, continuez.

Ah! les lâches, les infâmes, les misérables ! Jeter l'insulte à pleines mains, et ne pas oser dire: c'est moi !

Croyez-moi, monsieur le rédacteur, croyez-moi, j'ai adouci les couleurs, ma plume s'est refusée à remuer toute cette pourriture, un sentiment d'immense pitié s'est emparé de moi: j'ai fait comme le médecin appelé à examiner les plaies les plus honteuses, il en cache l'origine, les conséquences, les dangers, il laisse dans les arcanes de sa pensée ce qui l'épouvante, ce qui troublerait trop de conscience: il se tait.

Veuillez agréer, Monsieur le rédacteur, l'expression de mes meilleurs sentiments.

Dr J. DU ORGIA.

IMPRIMERIE D. BARDIN, A SAINT-G

www.ingramcontent.com/pod-product-compliance
Lightning Source LLC
LaVergne TN
LVHW022257030726
842520LV00009B/2981